# Inhalt

**Branchenreport VERSICHERUNGEN Ausgabe 2/2010**

Kernthesen

Beitrag

Zahlen und Fakten

Weiterführende Literatur

Impressum

GENIOS BranchenWissen Nr. 11/2010 vom 30.11.2010

# Branchenreport VERSICHERUNGEN Ausgabe 2/2010

J.Kessler

## Kernthesen

- Die deutsche Versicherungswirtschaft wächst weiter moderat.
- Erstmals seit Jahren kann die Schaden- und Unfallversicherung wieder zulegen.
- Für die Lebensversicherer sind die niedrigen Zinsen ein großes Risiko.
- Der Branchenprimus Allianz wird in diesem Jahr wieder mehr als hundert Milliarden Euro erlösen.
- In den USA musste der Versicherer Ambac Financial Insolvenz anmelden.

# Beitrag

# Die Branchenkonjunktur

Die deutsche Versicherungswirtschaft ist vergleichsweise gut durch die Wirtschafts- und Finanzkrise gekommen. Die Beitragseinnahmen der mehr als 450 Mitgliedsunternehmen dürften 2010 gegenüber dem Vorjahr um 4,7 Prozent auf 179,5 Milliarden Euro zulegen. 2009 betrug das Plus 4,1 Prozent. In der Lebensversicherung rechnet die Branche mit einem Zuwachs von 6,8 Prozent auf 91 Milliarden Euro. Wachstumstreiber sind hier nach wie vor die Einmalbeiträge. In der Privaten Krankenversicherung (PKV) dürften die Einnahmen um sechs Prozent auf fast 33,4 Milliarden Euro steigen; und in der Schaden- und Unfallversicherung rechnet die Branche mit einem Plus von 0,7 Prozent auf 55,1 Milliarden Euro. Dies wäre der erste Zuwachs seit sechs Jahren. Die Aussichten für 2011 stuft die Branche als verhalten ein. (1), (2), [Abb. 1]

Die deutsche Versicherungswirtschaft beschäftigt insgesamt rund 555 000 Erwerbstätige, davon im Innendienst knapp 160 000 und weitere 44 000 als Angestellte im Außendienst, hinzu kommen rund 13 000 Auszubildende. Daneben sind etwa 255 000

Personen als Versicherungsvermittler tätig, die wiederum vielen Menschen Arbeit bieten. (23)

## Die Erstversicherer

Die größten deutschen Erstversicherer sind die Allianz, die Ergo Gruppe, Generali Deutschland und Talanx. Der Marktführer Allianz, zugleich größter Versicherer in Europa, hat in den ersten neun Monaten 2010 deutlich mehr verdient als im entsprechenden Vorjahreszeitraum. Für das Gesamtjahr erwarten die Münchner ein operatives Ergebnis am oberen Ende des Zielkorridors von rund 7,2 Milliarden Euro. Der Umsatz wird 2010 das erste Mal seit fünf Jahren wieder über der Marke von hundert Milliarden Euro liegen. In den ersten neun Monaten gab es einen Zuwachs von 11,9 Prozent auf 80,5 Milliarden Euro. Die Allianz will nun vor allem das Schadenmanagement modernisieren. (3), (10)

Die Ergo Versicherungsgruppe hat das operative Ergebnis der ersten neun Monate um 84,6 Prozent auf 923 Millionen Euro gesteigert. Damit hat sich die Erstversicherungstochter der Munich Re als der größte Gewinnbringer im Konzern entpuppt. Ihre strategische Neuausrichtung hat die Ergo Versicherungsgruppe abgeschlossen. Die bisher unter den Marken Victoria und Hamburg Mannheimer sowie D.A.S. arbeitenden Lebens-, Schadens- und

Unfallversicherungen werden nun unter der einheitlichen Marke Ergo angeboten. (4), (5)

Seit Jahren peilt die Versicherungsgruppe Talanx einen Börsengang an. Möglicherweise hat der Konzern jetzt einen ersten "Ankerinvestor". Denn der japanische Lebensversicherer Meiji Yasuda hat eine Talanx-Pflichtwandelanleihe über 300 Millionen Euro gezeichnet. Geht Talanx tatsächlich an die Börse, müssen die Papiere in Stammaktien umgewandelt werden. Damit wären die Japaner der größte Aktionär von Talanx. (7)

Bei Generali Deutschland ist der Konzerngewinn in den ersten neun Monaten um 15 Prozent auf 301 Millionen Euro gestiegen, vor allem dank deutlich gestiegener Erträge aus Kapitalanlagen. Insbesondere die Direktversicherungstochter Cosmos hat mit ihrem "Tagesgeld Plus" für Wirbel gesorgt. Sie zahlt bis zu 2,1 Prozent Zinsen auf jederzeit verfügbares Geld, womit sie den Banken harte Konkurrenz macht. Deswegen konnte Generali Deutschland die Einmalbeiträge deutlich steigern. Unter dem Strich kletterten die Beitragseinnahmen in den ersten neun Monaten um 8,9 Prozent auf 12,1 Milliarden Euro. Neben Cosmos gehören Generali Versicherungen, Aachen Münchener und Central zu dem Konzern. (6)

Die größten öffentlichen Versicherer sind die Versicherungskammer Bayern, die Provinzial NordWest, die SV SparkassenVersicherung, die

Provinzial Rheinland sowie die Versicherungsgruppe Hannover. Die öffentlichen Versicherer sind addiert die Nummer zwei unter den Erstversicherern, hinter der Allianz und vor der Ergo Versicherungsgruppe. 2009 haben die öffentlichen Versicherer in allen Sparten ihren Marktanteil ausgebaut. Die Beitragseinnahmen stiegen um 6,5 Prozent auf 17,7 Milliarden Euro, der Marktanteil legte um 0,2 Punkte auf 10,6 Prozent zu. Das Wachstum kam allein von Einmalbeiträgen, die um 86 Prozent auf 2,84 Milliarden Euro zulegten. In der gesamten Versicherungsbranche bezifferte sich der Zuwachs auf lediglich 59 Prozent. Der überdurchschnittliche Boom ist auf den Vertrieb über die Sparkassen zurückzuführen. (8)

Die zum Genossenschaftslager zählende R+V-Versicherung ist der viertgrößte Versicherer in Deutschland. Im vergangenen Jahr ist dieser eigenen Angaben zufolge "in allen Segmenten besser als der Markt gewachsen". Die gebuchten Bruttobeiträge stiegen gegenüber dem Vorjahr um 11,3 Prozent auf 10,5 Milliarden Euro, das Konzernergebnis um 72,6 Prozent auf 202 Millionen Euro. Das Unternehmen mit seinen rund sieben Millionen Kunden bezeichnet sich selbst als "der größte Bankenversicherer in Deutschland". (9), [Abb.2]

# Die Rückversicherer

Die Rückversicherer klagen zurzeit über Überkapazitäten und niedrige Preise. Der Grund: Aufgrund der guten Anlageergebnisse und geringer Schäden im Jahr 2009 sind die Kapazitäten wieder deutlich gestiegen. Die Nachfrage der Erstversicherer ist derzeit gering, das drückt auf die Preise. Im Kerngeschäft verbuchten die Rückversicherer im ersten Halbjahr 2010 Verluste, die üppigen Erträge aus Kapitalanlagen sorgten aber für schwarze Zahlen. Dies spiegelt sich auch in den Zahlen der Marktführer Munich Re und Hannover Rück wieder. Diese lagen im ersten Halbjahr 2010 beim versicherungstechnischen Ergebnis im Minus, dennoch konnten sie dies durch starke Kapitalanlageergebnisse kompensieren, so dass unterm Strich bessere Ergebnisse standen. (11), (12)

# Die Versicherer in Europa

Weitergehende Veränderungen finden derzeit am britischen Versicherungsmarkt statt. Nachdem der Restrukturierungsspezialist Resolution Ende Juni für 2,8 Milliarden Pfund die britischen Lebens- und Rentenversicherungsaktivitäten des französischen Assekuranzkonzerns Axa übernommen hat, bereiten nun die beiden Großbanken Royal Bank of Scotland (RBS) und Co-operative Group den Verkauf ihres Versicherungsgeschäfts vor. Derweil hat Prudential im ersten Halbjahr 2010 die Rückkehr in die Gewinnzone geschafft. Allerdings musste der größte britische Versicherer das Vorhaben aufgeben, die asiatische Tochter des angeschlagenen US-Versicherers AIG zu kaufen. Die Aktionäre hatten sich dagegen ausgesprochen. (13)

In den Niederlanden will der Finanzkonzern ING sein Versicherungsgeschäft über Börsengänge in den USA und Europa abspalten. Dies hatte die EU-Kommission der ING nach der Rettung durch den niederländischen Steuerzahler zur Auflage gemacht. Die Krise hat ING noch nicht verdaut. Im dritten Quartal 2010 sank der Reingewinn um gut ein Viertel auf 371 Millionen Euro. Das lag auch an hohen Abschreibungen auf das US-Versicherungsgeschäft. Auch der Schweizer Versicherungskonzern Zurich leidet noch unter den Folgen der Finanzkrise. Trotz sprudelnder Kapitalerträge ging in den ersten neun Monaten 2010 der Gewinn um 18 Prozent auf knapp 2,4 Milliarden Dollar zurück. Der italienische Versicherer Generali rechnet für 2010 mit einer weiteren Gewinnsteigerung, nachdem man im vergangenen Jahr 1,3 Milliarden Euro verdient hatte. Operativ ist Deutschland inzwischen zweitwichtigster Markt, nach Italien und vor Frankreich. (14), (15), (16),

[Abb. 3]

## Die Versicherer weltweit

Schwer getroffen von der Finanzkrise wurden vor allem die Versicherer in den USA. Dort musste die Regierung den Versicherungskonzern American International Group (AIG) mit mehr als 182 Milliarden Dollar stützen, um ein Kollaps des Finanzsystems zu verhindern. AIG hatte sich mit komplizierten Finanzprodukten verspekuliert und 2008 mit 99,3 Milliarden Dollar den höchsten Verlust der US-Wirtschaftsgeschichte eingefahren. Nun hat auch noch der Versicherer Ambac Financial Insolvenz angemeldet. Diesem war es nicht gelungen, das Geld für anstehende Zinszahlungen aufzutreiben. Mit 1,6 Milliarden Dollar steht Ambac in der Kreide. (17)

Als einer der lukrativsten Versicherungsmärkte gilt derzeit Brasilien. Staudämme, Chemiekomplexe, Häfen, Schienentrassen und die Bauvorhaben für die Fußballweltmeisterschaft 2014 und die Olympischen Spiele 2016. Noch nie gab es in Brasilien so viele Großprojekte in einem so kurzen Zeitraum zu versichern. Für 2010 erwartet die Versicherungswirtschaft ein Wachstum von zwanzig Prozent. In den vergangenen sechs Jahren lag das Wachstum bei durchschnittlich zwölf Prozent. (18)

# Trends

## Versicherungsbranche vergleichsweise robust

Die internationalen Ratingagenturen haben der hiesigen Versicherungsbranche insgesamt ein positives Zeugnis ausgestellt. Die deutsche Versicherungswirtschaft sei zwar vom Konjunkturabschwung durch eine schwächere Kapitalausstattung und geringere Rentabilität negativ betroffen gewesen. Im Vergleich zu deutschen Finanzinstituten und Versicherern in anderen Ländern habe sich die deutsche Assekuranz jedoch als widerstandsfähig erweisen, hieß es bei Moody´s. Die Ratingagentur begründet diese Widerstandsfähigkeit in erster Linie mit dem hohen Kapitalisierungsgrad vor der Krise sowie mit den konservativen Anlageportfolios und den umsichtigen Rückstellungspraktiken. Als negativ wertete Moody´s die Rahmenbedingungen für das Leben- sowie das Nichtleben-Geschäft. Schuld daran seien vor allem die niedrigen Renditen bei Lebensversicherungen mit Kapitalschutz sowie der intensive Wettbewerb in der Kfz-Versicherung. Auch die Ratingagentur Fitch rechnet mit weiter stabilen Ratingniveaus bei den deutschen Versicherern. Grund sei die wieder verbesserte Bilanzqualität sowie die Widerstandskraft gegenüber dem gegenwärtigen Niedrigzinsumfeld. (19)

# Niedrigzinsphase bedroht die Lebensversicherer

In den anhaltend niedrigen Zinsen sehen Experten das Risiko für die deutschen Versicherer. Die niedrigen Zinsen belasten vor allem das Geschäft mit den klassischen Kapital-Lebensversicherungen. Jahrelang waren sechs bis sieben Prozent Rendite auf die eingezahlten Beiträge üblich. Mittlerweile liegt der Garantiezins aber nur noch bei 2,25 Prozent, Tendenz weiter sinkend. Das macht die Lebensversicherungen wenig attraktiv. Die Versicherer stecken im Anlagedilemma. Für siebenjährige Anleihen, die für Versicherer maßgeblich sind, gibt es nicht mal zwei Prozent. "Die niedrigen Zinsen erodieren den finanziellen Spielraum der Lebensversicherer, weil der Abstand zwischen erwirtschafteter Rendite und den Garantien für die Versicherten immer kleiner wird", hieß es bei der Ratingagentur Standard & Poor's. Um langfristig zu überleben, müssen die Versicherer mindestens 3,4 Prozent Rendite erwirtschaften. (20)

# Zahlen & Fakten

Abbildung 1: Beitragseinnahmen der Versicherungswirtschaft

| Jahr | Beitragseinnahmen in Milliarden Euro |
|---|---|
| 2001 | 135,1 |
| 2002 | 141,0 |
| 2003 | 147,7 |
| 2004 | 152,2 |
| 2005 | 158,0 |
| 2006 | 162,0 |
| 2007 | 162,9 |
| 2008 | 164,5 |
| 2009 | 171,4 |
| 2010 | 179,5 |

Quelle: GDV Entnommen aus: Börsen-Zeitung, 19.11.2010, Nummer 224, Seite 3 (1)

Abbildung 2: Die deutschen Versicherer 2009

| Versicherer | Beitragseinnahmen* | Zuwachs in Prozent | Gewinn* | B |
|---|---|---|---|---|
| Allianz** | 97.385 | 5,2 | 4.692 | 1! |
| Munich Re | 41.423 | 9,5 | 2.521 | 4: |
| Talanx | 20.923 | 10,1 | 526 | 1( |
| Generali Deutschland | 14.850 | 4,3 | 327 | 1⋅ |
| R+V-Versicherung | 10.521 | 11,3 | 222 | 1: |
| Axa | 10.285 | 4,5 | 142 | 1: |
| Debeka*** | 8.142 | 4,8 | 221 | 1! |
| Versicherungskammer Bayern | 6.355 | 6,6 | 121 | 6. |
| Zurich Deutschland | 6.144 | 0,3 | 233 | 6. |
| Signal Iduna | 5.274 | 14,2 | 70 | 1: |

* Angaben in Millionen Euro ** Werte inklusive Bank- und Vermögensverwaltungsgeschäft *** Werte ohne Bausparbeschäft Quelle: Thomson Datastream, Unternehmensangaben Entnommen aus: FAKT Markt- und Wirtschaftsinformationen (21)

Abbildung 3: Nettoergebnisse europäischer Versicherer - jeweils im ersten Halbjahr

| Versicherer | Nettoergebnis 1.Hj in Millionen 2010 | Nettoergebnis 1.Hj in Millionen 2009 |
|---|---|---|
| Aegon (NL) | 785 | -334 |

| Allianz (D) | 2.673 | 1.916 |
|---|---|---|
| Aviva (GB) * | 1.505 | 747 |
| Axa (F) | 944 | 1.323 |
| Generali (I) | 1.017 | 763 |
| ING (NL) | 2.416 | -722 |
| Legel&General (GB) * | 401 | -91 |
| Prudential (GB) * | 444 | -258 |
| Zurich (CH) ** | 1.679 | 1.968 |

* in Millionen Pfund ** in Millionen Dollar Quelle: Moody´s Entnommen aus: Börsen-Zeitung, 02.09.2010, Nummer 168, Seite 5 (22)

# Weiterführende Literatur

(1) Merkel verspricht Hilfe bei Solvency II Kanzlerin nimmt die Sorgen der Assekuranz auf - Geschäftsentwicklung der Branche 2011 verhalten aus Börsen-Zeitung, 19.11.2010, Nummer 224, Seite 3

(2) GDV sieht für 2011 großes Wachstumspotenzial aus Versicherungsjournal.de, Ausgabe vom 19.11.2010:

(3) Allianz peilt 100 Milliarden Euro Umsatz für 2010 an
aus Versicherungsjournal.de, Ausgabe vom 10.11.2010:

(4) Ergo tut der Munich Re derzeit richtig gut
aus Versicherungsjournal.de, Ausgabe vom 10.11.2010:

(5) Ergo beschert Münchner Rück Gewinnsprung
aus Rheinische Post Nr. 262 vom 10.11.2010

(6) Generali Deutschland macht Banken Konkurrenz
Kapitalisierungsprodukte treiben Neugeschäft in die
Höhe - Vorstandssprecher bestätigt Konzernziele
aus Börsen-Zeitung, 17.11.2010, Nummer 222, Seite 5

(7) Versicherer Talanx holt Japaner an Bord Meiji
Yasuda zeichnet Wandelanleihe und will Aktionär
werden // Globale Kooperation vereinbart
aus Financial Times Deutschland vom 05.11.2010,
Seite 19

(8) Öffentliche Versicherer gewinnen Marktanteile
Sparkassen vertreiben auch 2010 viel Geschäft gegen
Einmalbeitrag - Assistance-Versicherer in Gründung
aus Börsen-Zeitung, 02.07.2010, Nummer 124, Seite 4

(9) R+V Versicherung
aus Zeitschrift für das gesamte Kreditwesen 20 vom
15.10.2010 Seite 1133

(10) Allianz trotzt Beben, Sturm und Flut Versicherer
rechnet mit gutem Jahresergebnis // Offensive bei
Produktivität und Schadenmanagement
aus Financial Times Deutschland vom 11.11.2010,
Seite 16

(11) Überangebot drückt die Preise der

Rückversicherer
aus Frankfurter Allgemeine Zeitung, 13.09.2010, Nr. 212, S. 14

(12) Rückversicherung: Stürmische Zeiten stehen bevor
aus Versicherungswirtschaft, 15.09.2010, 65.Jg., Nr. 18, S. 1266

(13) In die britische Assekuranz kommt Bewegung
RBS und Co-op-Gruppe prüfen Verkauf von Geschäften
aus Börsen-Zeitung, 02.11.2010, Nummer 211, Seite 4

(14) Zurich: Konzern leidet unter Spätfolgen der Wirtschaftskrise - Nach neun Monaten sinkt der Gewinn um 18 Prozent
aus Versicherungswirtschaft, 15.11.2010, 65.Jg., Nr. 22, S. 1642

(15) ING-Konzern plant zwei Börsengänge
aus Handelsblatt Nr. 219 vom 11.11.2010 Seite 36

(16) Generali enttäuscht trotz steigender Gewinne die Analysten
aus Handelsblatt Nr. 220 vom 12.11.2010 Seite 37

(17) Ambac ist pleite
aus FAZ.NET, 09.11.2010

(18) Verlockender Versicherungsmarkt Brasilien
aus Finanz und Wirtschaft vom 17.11.2010, Seite 41

(19) Streicheleinheiten für Deutschlands Versicherer
aus Versicherungsjournal.de, Ausgabe vom 20.10.2010:

(20) Das Dilemma der Lebensversicherung
aus DIE WELT, 23.11.2010, Nr. 274, S. 19

(21) D: Top 20 deutsche Versicherer 2009
aus Sueddeutsche Zeitung, 11.09.2010, S. 26

(22) Moody's traut Assekuranz wenig zu Rückkehr
auf Vorkrisenniveau bei der Profitabilität fraglich
aus Börsen-Zeitung, 02.09.2010, Nummer 168, Seite 5

(23) Gesamtmarkt
aus Börsen-Zeitung, 02.09.2010, Nummer 168, Seite 5

# Impressum

## Branchenreport VERSICHERUNGEN Ausgabe 2/2010

**Bibliografische Information der deutschen Nationalbibliothek**

Die Deutsche Nationalbibliothek verzeichnet diese Publikation in der deutschen Nationalbibliografie; detaillierte bibliografische Daten sind im Internet über http://dnb.d-nb.de abrufbar.

ISBN: 978-3-7379-1952-4

© 2015 GBI-Genios Deutsche Wirtschaftsdatenbank GmbH, Freischützstraße 96, 81927 München, www.genios.de

Alle Rechte vorbehalten. Dieses Werk ist einschließlich aller seiner Teile – z.B. Texte, Tabellen und Grafiken - urheberrechtlich geschützt. Jede Verwertung außerhalb der Grenzen des Urheberrechtsgesetzes bedarf der vorherigen Zustimmung des Verlags. Dies gilt insbesondere auch für auszugsweise Nachdrucke, fotomechanische

Vervielfältigungen (Fotokopie/Mikroskopie), Übersetzungen, Auswertungen durch Datenbanken oder ähnliche Einrichtungen und die Einspeicherung und Verarbeitung in elektronischen Systemen.